SAGESSE

POUR LA VIE DU
ROYAUME

PREMIÈRE ÉDITION
Publié en février 2024

Y.A.M. MEDIA
YANNI AYANA MEDIA, LLC
www.YanniAyana.com

ISBN : 979-8-9864151-4-7

Inscription à la Bibliothèque du Congrès
Ayana, Yanni
Sagesse pour la Vie du Royaume
Numéro d'enregistrement : TXu 2-450-696 | June 2024

Catégorie : Vie chrétienne

Library of Congress Cataloging-in-Publication Data

Auteur: Yanni Ayana Media, LLC |
YAM.Books@outlook.com

Conception et mise en page de la couverture: Eli Blyden Sr. |
www.EliTheBookGuy.com

Imprimé aux États-Unis d'Amérique par : A&A
Printing & Publishing | www.PrintShopCentral.com

REMERCIEMENTS

Je te remercie, ô Dieu, de m'avoir donné la grâce, la capacité et le courage d'écrire des livres sur le message du royaume de Dieu sur la terre.

Je voudrais également remercier ma mère, Maria Morrison, pour son amour, son temps, ses encouragements et son soutien dans toutes mes entreprises !

Merci à mon père, Michael Bernard, à ma merveilleuse sœur, le Dr Alicia Francois, à mon oncle Trevor, à Tina, et aux pasteurs Daniel et Sabrina Mangrum pour leur amour pour moi à travers les années.

Un merci spécial à mes pasteurs Gary et Patricia Newton pour leur amour, leur soutien, et pour m'avoir fidèlement enseigné le message du royaume de Dieu dans chaque prédication.

Je tiens également à remercier ma famille aimante, mes dirigeants et mes amis.

Merci à tous pour votre soutien et vos prières ! Cela signifie plus pour moi que vous ne le saurez jamais.

Que Dieu vous bénisse !
-Yanni Ayana

SOMMAIRE

SAGESSE

POUR LA VIE DU ROYAUME

Écrit par: YANNI AYANA

INTRODUCTION

"Sagesse pour la vie du Royaume" est un livre court et simple qui vise à faire comprendre le message du royaume de Dieu que Jésus a prêché tout au long de son ministère sur terre. J'espère qu'il vous permettra de mieux comprendre l'importance de connaître votre identité en tant qu'enfant de Dieu, la puissance dont vous disposez grâce à votre foi, et la manière de devenir plus stable dans votre relation avec Dieu et avec les autres. Je prie pour que vous receviez la sagesse et appliquiez ces leçons du royaume pour améliorer votre qualité de vie.

Vivre un mode de vie conforme au royaume exige un nouvel état d'esprit, la volonté de croire, d'obéir et d'être d'accord avec les enseignements de Jésus.

Lorsque vous commencerez à comprendre sa Parole, votre foi grandira et vous serez en mesure d'expérimenter l'amour de Dieu et les promesses partagées dans sa Parole en tant que son enfant bien-aimé.

Jésus a prêché l'évangile du royaume de Dieu. Nous devons suivre son exemple et ses enseignements dans notre propre vie. Puissent les connaissances partagées dans ce livre vous apporter révélation et transformation, alors que vous soumettez votre volonté à Dieu et expérimentez les avantages d'une vie dans le royaume !

Tu es important dans le plan de rédemption de Dieu. Il désire te replacer à ta juste place d'enfant bien-aimé et étendre son royaume sur la terre grâce à une relation d'amour avec toi !

Que Dieu vous bénisse et merci d'avoir lu ce livre !

– Yanni Ayana

INFLUENCE

"Ne vous adaptez pas à l'énergie de la pièce. Influencez l'énergie de la pièce".

— Inconnu

Lorsque Dieu vous a créé, il vous a conçu et fait dans un but précis. Grâce à votre relation avec lui, vous découvrirez qui vous êtes et comment utiliser vos dons.

Dans une relation avec le Seigneur, la communication et l'amour vont dans les deux sens. Lorsque votre relation avec Dieu est forte, son influence grandit dans votre vie. L'influence de Dieu a des effets transformateurs ! Son amour touche tous les domaines de votre vie. L'amour de Dieu et sa parole peuvent transformer votre caractère, votre personnalité et votre comportement grâce à votre foi et à votre amour pour lui.

Dieu doit être la priorité absolue dans votre vie. Il est important de désirer sa volonté, avant la vôtre. L'obéissance à sa Parole vous aidera à rester en bonne position dans votre relation avec lui. Votre relation d'amour avec le Seigneur ne vous transformera pas seulement, mais touchera chaque personne dans votre vie.

Dieu a placé des personnes dans votre vie parce que vous avez quelque chose à offrir ! Vous êtes unique ! Vous avez quelque chose à donner. Vous avez un but et vous êtes puissant ! La présence de Dieu dans votre vie vous rend percutant et vous donne une influence considérable partout où vous allez. Dieu et vous formez une équipe. Il veut partager son amour avec les autres à travers les dons, les talents et la personnalité qu'il vous a accordés. Son but est d'abord de vous transformer avec sa Parole, puis d'utiliser cette connaissance pour étendre son royaume, à travers votre lumière.

VOUS ÊTES LA RÉPONSE

Tout ce que Dieu fait a un but ! Lorsque Dieu vous a créé, il vous a conçu pour répondre à un besoin. Vous êtes la réponse à un problème ! Votre personnalité, vos intérêts, vos dons et les sujets qui vous passionnent sont autant d'indices du plan que Dieu a conçu pour vous.

Dieu est omnipotent (omniscient) Il est important de se rappeler que par le Christ Jésus, vous êtes des fils et des filles de Dieu ! Vous avez le Saint-Esprit en vous ! Ainsi, chaque fois que vous êtes confronté à un défi, restez tranquille et écoutez sa voix ! Il vous parlera et vous donnera de la sagesse.

Proverbes 3:5-6 (KJV) " *Confie-toi en l'Éternel de tout ton cœur, et ne t'appuie pas sur ta propre intelligence; reconnais-le dans toutes tes voies, et il dirigera tes sentiers."*

Ainsi, chaque fois que vous êtes confronté à un problème, ayez la conviction que Dieu est votre libérateur ! Utilisez votre foi en Jésus-Christ pour prier et recevoir des réponses et des directives ! Dieu veut étendre votre influence dans votre environnement pour son royaume ! Il désire que vous marchiez dans sa faveur et son conseil dans tous les domaines de votre vie. Dépendez de Dieu. Comptez sur lui ! Il veut vous aider ! Il veut vous donner des solutions pour vous aider à naviguer victorieusement dans cette vie. Jésus a dit de lui demander ce dont vous avez besoin !

Matthieu 7:7-8 (KJV), *"Demandez,*
et il vous sera donné...*"*.

Jacques 4:2 (KJV), *"... mais vous*
n'avez pas, parce que vous ne
demandez pas."

Dieu vous a rendu capable et compétent ! Ne cédez pas à la peur, à l'anxiété et aux paroles négatives qui viennent attaquer votre confiance ! Ayez foi en Dieu !

Dieu vous a placé dans votre environnement pour une raison. Vous êtes en mission pour lui. Il veut apporter des réponses à travers vous, si vous comptez sur lui. Rappelez-vous, chaque fois que vous êtes confronté à un problème, que vous êtes la réponse et le vainqueur !

UTILISEZ LA SAGESSE

Jacques 1:5 (KJV), *"Si quelqu'un d'entre vous manque de sagesse, qu'il demande à Dieu, qui donne à tous généreusement et sans reproche, et elle lui sera donnée.".*

Proverbes 15:33 (KJV), *"La crainte de l'Éternel est l'instruction de la sagesse, et devant la gloire vient l'humilité."*

La sagesse spirituelle vous aide à faire preuve de discernement. Elle vous permet de juger et d'évaluer une situation et de savoir quelle est la meilleure ligne de conduite à adopter à ce moment-là. La sagesse ne vous rend pas arrogant, car elle exige de l'humilité et de la soumission à Dieu pour la recevoir !

Lorsque la sagesse de Dieu se manifeste, elle augmente votre influence dans tout ce que vous faites ! Vous obtiendrez des résultats gagnants et serez une bénédiction pour tous ceux qui sont en relation avec vous. La sagesse vous aide à reconnaître l'importance du timing et à appliquer l'intelligence émotionnelle aux relations.

La Bible nous apprend qu'il y a la sagesse du royaume et la sagesse charnelle. La sagesse charnelle produira les traits toxiques de la jalousie, de l'égoïsme et des conflits avec les autres.

Jacques 3:13-17 (KJV, LSG),
"Lequel d'entre vous est sage et intelligent? Qu'il montre ses oeuvres par une bonne conduite avec la douceur de la sagesse. Mais si vous avez dans votre coeur un zèle amer et un esprit de dispute, ne vous glorifiez pas et ne mentez pas contre la vérité.

*Cette sagesse n'est point celle qui
vient d'en haut; mais elle est
terrestre, charnelle, diabolique.
Car là où il y a un zèle amer et un
esprit de dispute, il y a du
désordre et toutes sortes de
mauvaises actions.
La sagesse d'en haut est
premièrement pure, ensuite
pacifique, modérée, conciliante,
pleine de miséricorde et de bons
fruits, exempte de duplicité,
d'hypocrisie."*

Toutes les relations sont importantes
pour Dieu. Il vous a conçu pour que vous
ayez besoin de lui comme source. Recevez
son amour et partagez-le avec les autres.

Proverbes 11:30 (KJV), *"Le fruit
du juste est un arbre de vie,
et celui qui gagne des âmes
est sage".*

Dieu veut étendre son royaume, atteindre un plus grand nombre de ses enfants avec son amour à travers vous ! Il sait que les relations avec les autres peuvent être incroyablement difficiles dans notre vie quotidienne. Personne n'est parfait ! Toute relation nécessite le pardon. Le pardon est nécessaire pour que les deux personnes impliquées puissent guérir et grandir. Seul Dieu peut vous aider à marcher dans l'amour envers les autres ! Demandez à Dieu la sagesse aujourd'hui et recevez-la par la foi.

SOYEZ ATTENTIF

Quelles sont les informations dont vous nourrissez régulièrement votre esprit ( ) ? Sachez que toutes les informations que vous recevez, qu'elles soient verbales ou visuelles, façonnent vos valeurs, votre personnalité et votre système de croyances.

L'information est reçue en regardant et en écoutant. Le contenu que vous absorbez de manière répétée se loge dans votre subconscient et se manifeste dans vos habitudes, vos valeurs, vos croyances et votre comportement. Le subconscient contient des informations qui ont été accumulées et stockées pendant de longues périodes. Votre esprit conserve des croyances sur vous-même, sur Dieu, sur les relations, et tire des conclusions sur la vie en fonction de vos expériences.

Dieu désire que vous renouveliez votre subconscient.

> Romains 12:2 (KJV), *"Ne vous conformez pas au siècle présent, mais soyez transformés par le renouvellement de votre intelligence, afin que vous discerniez quelle est la volonté de Dieu, ce qui est bon, agréable et parfait."*.

Pour que vous puissiez atteindre votre but en Lui, vous devrez remplacer les anciennes informations par Sa Parole, Sa morale et Ses valeurs. Lorsque vous décidez de changer votre esprit et de le remplir de la Parole de Dieu, votre intimité avec Dieu se développera. La prière, les enseignements bibliques et le culte vous aideront à prendre davantage de décisions et à faire des choix en accord avec sa Parole. Vous apprendrez à obéir à l'impulsion du Saint-Esprit qui est en vous.

Plus vous serez en accord avec la Parole de Dieu, plus votre subconscient sera capable de discerner les idées et les pensées contraires. Vous prendrez davantage de décisions pour vous soumettre à la Parole de Dieu, ce qui se traduira par des changements dans votre comportement, vos émotions et votre caractère. Il est important d'être conscient des types d'informations que vous laissez entrer dans votre esprit.

DIEU ME VOIT !

"Elle donna à l'Éternel, qui lui avait parlé, le nom de: 'Tu es le Dieu qui me voit'."
\- Genèse 16:13 (KJV)

L a vie est tellement occupé ! Il est facile de se sentir seul et invisible. Tant de personnes souffrent en silence, parce qu'elles n'ont personne avec qui partager leurs pensées et leurs sentiments. Elles ont l'impression que personne ne se soucie d'elles ou ne les comprend. Chaque fois que vous vous sentez seul, rappelez-vous EL ROI - Le Dieu qui voit ! Dieu vous voit et se préoccupe de tout ce qui vous concerne. Il sait où vous avez mal. Il voit vos larmes silencieuses et entend vos cris internes de frustration.

Il connaît les moments où vous vous sentez dévalorisés et insignifiants. Il vous guérira et vous réconfortera.

Jean 14:18 (KJV), " Je ne vous laisserai pas orphelins; je viendrai à vous. "

2 Corinthiens 1:4 (KJV), " *(Dieu) nous console dans toutes nos tribulations, afin que, par la consolation dont nous-mêmes sommes consolés de Dieu, nous puissions consoler ceux qui se trouvent dans quelque affliction*".

Lorsque votre cœur est accablé, rappelez-vous que vous avez toute l'attention de Dieu ! Vous êtes son enfant, son bien-aimé ! Humiliez-vous, allez vers Dieu dans la prière, partagez avec lui et recevez son réconfort.

DIEU VOUS VOIT ! EL ROI- le DIEU qui me voit

FORCE

La vie est faite de hauts et de bas ; chaque jour est une inconnue. Vous ne savez jamais ce qui va se passer : un appel téléphonique, un texte ou un événement peut changer votre vie à jamais. Vous avez besoin de force pour faire face aux défis ou aux transitions difficiles, dans les moments où vous êtes faible, plein de chagrin et incertain de ce qu'il faut faire. Adressez-vous à Dieu et demandez-lui la force.

Psaumes 46:1 (NIV) : *"Dieu est notre refuge et notre force, un secours toujours présent dans la détresse."*.

Lorsqu'il y a des tâches que vous redoutez, faites confiance à Dieu pour vous aider.

Isaïe 41:10 (KJV), *" Ne crains rien, car je suis avec toi; ne promène pas des regards inquiets, car je suis ton Dieu; je te fortifie, je viens à ton secours, je te soutiens de ma droite triomphante. "*.

Le Seigneur Dieu est votre paix ! Il vous couvrira de sa paix lorsque vous vous concentrerez et vous confierez à lui.

Jean 14:27 (NIV), "Je vous laisse la paix, je vous donne ma paix. Je ne vous la donne pas comme le monde donne. Que votre cœur ne se trouble pas et ne se laisse pas effrayer. "

Si vous avez des problèmes de confiance et d'abandon, croyez et sachez que le Seigneur ne vous abandonnera pas ! Le Seigneur ne vous laissera pas tomber !

> Hébreux 13:5 (AMPC), *"...car Il [Dieu]* [b]*a dit :* Je ne te laisserai pas tomber [Je ne te donnerai pas de côté, ni te laisserai sans soutien], ni ne t'abandonnerai pas [sans aide]. [Je ne te lâcherai pas]. [J'abandonne ou te laisse tomber pas]. *"*

Dans votre relation avec le Seigneur, rappelez-vous qu'il est avec vous et qu'il ne vous abandonnera pas. Il est votre source et votre capacité. Par votre foi en Jésus-Christ son Fils, vous avez une alliance avec votre Père céleste, et il s'est engagé envers vous ! Vous pouvez confier votre vie à Dieu !

La vie aura ses défis et ses incertitudes, mais vous n'avez pas besoin d'être fort tout seul. Allez vers Dieu, il vous donnera sa force !

PARLE-MOI

Il y a une chanson d'Anita Baker que j'adore ! Elle s'appelle "Talk to Me !". Dans cette chanson, elle supplie quelqu'un de partager son cœur avec elle. Elle leur demande de partager ce qui les dérange, de ne pas garder le sujet enfermé en eux-mêmes. Elle les supplie d'être ouverts et de partager, afin que la guérison puisse commencer dans leur relation.

Lorsque j'entends cette chanson, elle me rappelle le cœur de Dieu envers ses enfants. Il veut que vous lui parliez ! Il désire ardemment que vous partagiez avec lui vos joies, vos préoccupations et vos expériences de vie au quotidien ! Dieu veut un dialogue avec vous ! Le Seigneur veut une relation aimante, ouverte, honnête et franche avec vous.

Dieu veut vous guérir là où vous êtes blessé et brisé. Il veut vous libérer de la torture de l'anxiété dans votre vie, qui est enracinée dans la peur.

> 1 Jean 4:18 (KJV), " *Il n'y a pas de peur dans l'amour; mais l'amour parfait bannit la peur, parce que la peur implique un châtiment. Celui qui craint n'est pas rendu parfait dans l'amour.* "

Faites confiance à Dieu, éliminez le doute, et il permettra à votre âme de se reposer dans sa paix.

Ne vivez pas une vie isolée et indépendante, alors que vous pouvez avoir une relation épanouissante avec l'Éternel. Lorsque vous avez reçu le salut par la foi en Jésus-Christ, le Saint-Esprit est venu vivre en vous ! Le Saint-Esprit est l'Esprit du Père qui vit en vous pour vous aider à réaliser votre but divin dans cette vie. Dieu veut vous aider ! Vous n'avez pas à être indépendant et à résoudre vos propres problèmes.

Matthieu 6:31-33 (KJV),
"Ne vous inquiétez donc pas, en disant: 'Que mangerons-nous?' ou 'Que boirons-nous?' ou 'De quoi serons-nous vêtus?' Car ce sont les païens qui recherchent toutes ces choses. Votre Père céleste sait que vous en avez besoin.
Mais cherchez premièrement le royaume de Dieu et sa justice, et toutes ces choses vous seront données en plus."

Matthieu 11:28 (NIV) Jésus dit :
"Venez à moi, vous tous qui êtes fatigués et chargés, et je vous donnerai du repos."

Lorsque quelque chose ne va pas, ou lorsque les choses vont bien dans votre vie, ne laissez pas Dieu de côté ! Partagez votre cœur avec lui ! Soyez disponible pour lui ! Souvenez-vous de lui tout au long de votre journée. Souvenez-vous de lui lorsque vous êtes détendu ! Souvenez-vous de lui lorsque vous êtes débordé. Dieu partage avec vous vos pensées, vos suggestions et par l'intermédiaire d'autres personnes. Il veut que vous vous appuyiez sur lui et que vous dépendiez de lui dans tous les domaines de votre vie ! Il est le seul à pouvoir vous aider à naviguer dans votre vie avec Victoire ! Dieu vous dit : *"S'il te plaît, parle-moi !"*.

AMOUR

" Je vous donne un commandement nouveau: Aimez-vous les uns les autres; comme je vous ai aimés, aimez-vous aussi les uns les autres. À ceci tous reconnaîtront que vous êtes mes disciples, si vous avez de l'amour les uns pour les autres."
- Jean 13:34-35 (KJV)

L'amour est la culture du royaume de Dieu. Dieu est Amour. C'est sa nature, et ce devrait être aussi la nôtre, lorsque nous marchons comme un seul homme' en Lui. L'amour est l'attribut qui vous distingue en tant qu'enfants de Dieu et c'est un besoin commun dans le cœur de tous les hommes.

> Jean 13:35 (NIV) : *"À ceci tous reconnaîtront que vous êtes mes disciples, si vous avez de l'amour les uns pour les autres."*

Dieu vous aime d'un amour inconditionnel ! La connaissance de votre identité en lui en tant que son enfant bien-aimé renforcera votre estime de soi. Lorsque vous commencez à être d'accord avec lui par la foi sur ce que vous êtes en lui, vous grandissez en vous aimant et en vous acceptant comme son fils ou sa fille.

Jésus a déclaré dans Matthieu 22:37-39 (NIV), quel est le premier et le plus grand commandement :

> *" Tu aimeras le Seigneur, ton Dieu, de tout ton cœur, de toute ton âme et de toute ta pensée. C'est le premier et le plus grand commandement. Et voici le second, qui lui est semblable: Tu aimeras ton prochain comme toi-même."*

La capacité d'aimer les autres comme Dieu nous aime est la démonstration ultime de votre nouvelle nature en Jésus-Christ. Aimer les autres et pardonner les offenses peut être très difficile ! Il n'est pas toujours facile d'aimer les gens. Ils ne sont pas toujours aimables, gentils ou respectueux ! C'est seulement parce que nous voulons plaire au Seigneur et faire sa volonté que nous nous humilions devant lui et que nous lui demandons de nous aider à obéir à ce grand commandement !

Dieu sait que nous ne sommes pas capables d'aimer les autres d'un cœur pur sans être guidés par lui. Il nous a donné une liste de contrôle en 1Corinthiens 13:1-7, qui nous enseigne comment l'amour se comporte et à quoi il ressemble dans nos relations avec les autres. C'est un excellent outil de mesure qui nous permet d'examiner notre démarche d'amour dans toutes les relations de notre vie. Nous avons besoin de la puissance de Dieu pour l'aimer de tout notre cœur, de tout notre esprit et de toute notre force (ce qui nous aidera à lui obéir), et pour nous entraîner à aimer sincèrement les autres.

Marcher dans l'amour ne signifie pas être crédule, naïf ou soutenir les autres en les encourageant. C'est une existence misérable que celle d'un complaisant ! Dieu ne veut pas que nous soyons contrôlés, utilisés ou trompés ! Vous n'avez pas à vous laisser entraîner dans des relations toxiques et des pièges manipulateurs ! Lorsque vous soumettez votre vie à Dieu, il vous donnera la sagesse et vous aidera à établir des limites saines qui peuvent déranger les autres. Vous devrez maintenir une position forte et garder votre cœur au milieu du rejet des autres. Rester cohérent malgré les drames et les offenses vous rendra plus fort

! Cela vous aidera à devenir plus stable dans vos émotions.

Dieu récompensera votre obéissance en vous donnant le courage de développer des relations saines et non toxiques dans votre vie. Il vous bénira en établissant des liens divins avec des personnes choisies pour être une bénédiction dans votre vie, et vice versa. Il y a une citation encourageante qui dit,

> *"Dieu vous donnera toujours le MEILLEUR, quand vous LUI laissez le choix !*

Vous êtes le représentant de l'amour de Dieu. Si vous comptez sur lui pour vous aider, il vous donnera le pouvoir de traiter toutes les personnes avec respect. Vous n'avez pas à imposer votre foi, vos valeurs et vos idées aux autres ! Vivez simplement ce que vous croyez ! Vivez votre vie pour plaire à Dieu et obéir aux directives du Saint-Esprit ! Gardez votre cœur pur devant Dieu ! Il vous fortifiera pour que vous puissiez marcher dans l'amour avec sagesse.

> 1 Jean 4:20-21 (KJV), "*Si quelqu'un dit: 'J'aime Dieu', et qu'il haïsse son frère, c'est un menteur; car celui qui n'aime pas son frère qu'il voit, comment peut-il aimer Dieu qu'il ne voit pas? Et nous avons de lui ce commandement, que celui qui aime Dieu aime aussi son frère."*.

Les gens vous observeront toujours, pour décider en eux-mêmes si votre amour est authentique ! Ils arriveront à leur propre conclusion, à savoir s'ils veulent se connecter à la Lumière qui est en vous. En attendant, continuez à manifester l'AMOUR.

SE SOUMETTRE

*"Vous n'êtes pas une goutte d'eau
dans l'océan.
Vous êtes l'océan tout entier,
dans une goutte."*

— Rumi

J'aime cette citation du poète Rumi parce qu'elle nous rappelle que tout ce qui concerne Dieu se trouve à l'intérieur de nous !

Dans votre relation avec Dieu, il est facile de passer beaucoup de temps à vous lamenter sur vos lacunes, vos défauts et les erreurs que vous avez commises sur le chemin de votre vie. Lorsque vous vous concentrez sur ces choses, il y a une croyance subconsciente intérieure que vous ne deviendrez pas tout ce qu'Il désire que vous soyez. Il est important de savoir que tout ce que Dieu a créé pour vous est déjà en vous. Il s'est engagé à vous aider à retrouver sa conception et son but originels. Il achèvera le travail qu'il a commencé en vous.

> Philippiens 1:6 (KJV) dit : " *Étant persuadé de cela même, que celui qui a commencé en vous cette bonne œuvre la rendra parfaite pour le jour de Jésus-Christ.* ".

Vous êtes à l'image et à la ressemblance de Dieu. Vous êtes son enfant et sa progéniture sur la terre. En vous soumettant à sa direction, vous aurez la capacité de vous maîtriser (tempérance) et de marcher dans la domination et l'autorité dans tous les domaines de votre vie. La clé de la vie et de la manifestation du royaume est la dépendance à l'égard de Dieu ! Vous devez vous entraîner à toujours dépendre de lui

pour vos besoins et votre orientation.
Dieu est la plus grande puissance en vous.
Votre humilité permettra à sa puissance,
à son influence et à sa sagesse de couler à
travers vous.

> 1 Jean 4:4 (KJV), *"Vous, petits
> enfants, vous êtes de Dieu, et vous
> les avez vaincus, parce que celui
> qui est en vous est plus grand que
> celui qui est dans le monde."*.

Vous avez été choisis par Dieu pour
partager sa nature, sa culture et son
mode de vie sur la terre. Vous avez en
vous sa sagesse, sa connaissance et sa
compréhension par la foi en son Fils Jésus-
Christ. Dieu veut vous aider à accomplir
sa volonté dans votre vie.

> Dans Jean 15:16 (NIV), Jésus dit :
> *" Ce n'est pas vous qui m'avez
> choisi; mais c'est moi qui vous ai*

*choisis, et je vous ai établis, afin
que vous alliez, et que vous portiez
du fruit, et que votre fruit
demeure, afin que ce que vous
demanderez au Père en mon nom,
il vous le donne".*

Chaque fois que vous vous sentez indigne, incapable, incompétent, rappelez-vous que Dieu vit en vous ! Vous n'essayez pas d'être l'océan ou d'être grand. Vous êtes l'océan tout entier dans une goutte d'eau ! Vous renfermez en vous Dieu lui-même, toute sa grandeur et sa puissance !

En tant que goutte d'eau isolée et séparée de l'océan, vous êtes limité. Cependant, lorsque la goutte d'eau se libère de son indépendance, s'abandonne et ne fait plus qu'un avec l'océan, rien n'est impossible à accomplir ! Lorsque la goutte se reconnecte à l'océan, elle ne peut plus être considérée comme une goutte isolée. Elle n'a plus d'identité individuelle ! Elle est consommée par l'océan et coule à l'unisson avec lui.

Nourrissez et construisez votre relation avec le Seigneur. Communiquez, donnez la priorité à vos moments d'intimité avec lui. Sache que le Christ vit en toi et que tu as accès à tout ce qu'il est ! Le Christ est tout ce dont vous avez besoin ! Vous n'avez plus besoin d'être conscient de vous-même comme une goutte isolée ! Libérez-vous dans l'océan, qui est la présence de Dieu, et vous deviendrez plus conscient de Dieu. Il n'y a pas de limites en Dieu, et lorsque vous ne faites qu'un avec Lui, il n'y a pas de limites en vous. Jésus a prié dans Jean 17:21 (KJV),

> [21]" *Que tous soient un, comme toi, Père, tu es en moi, et moi en toi; qu'eux aussi soient un en nous,*

*afin que le monde croie que tu
m'as envoyé."*

Vous êtes des fils, des filles de la famille royale de Dieu par votre foi en Jésus-Christ. Croyez et acceptez qui Dieu dit que vous êtes ! Abandonnez l'idée de vous changer vous-même et de compter sur vos propres capacités. Abandonnez votre vie à Dieu et dépendez de Lui dans tous les domaines de votre vie. Permettez à la volonté du Seigneur de s'accomplir dans votre vie quotidienne ! Gardez à l'esprit qu'il est toujours avec vous et qu'il désire couler à travers vous !

Faire UN avec Dieu et ne plus
vivre de manière indépendante.

Ne faites plus qu'un avec l'océan
et n'en êtes plus une goutte.

SE SOUMETTRE et tomber
amoureux du Seigneur !

NATURE VERTUEUSE

Romains 5:19 (KJV) " Car, comme par la désobéissance d'un seul homme beaucoup ont été rendus pécheurs, de même par l'obéissance d'un seul beaucoup seront rendus **justes** ".

Romains 14:17 (KJV) " *Car le royaume de Dieu, ce n'est pas le manger et le boire, mais la **justice**, la paix et la joie, par le Saint-Esprit.* "

Nature : "les qualités innées ou essentielles d'une personne". Saviez-vous que lorsque vous recevez Jésus-Christ comme votre Seigneur et Sauveur, vous recevez également sa nature juste ?

Lorsque Adam a péché dans le jardin d'Eden, toute l'humanité a automatiquement reçu une nature pécheresse parce qu'elle n'était plus soumise à l'Esprit de Dieu. Lorsque Jésus est mort sur la croix, il a payé pour tous les péchés passés, présents et futurs avec son sang sacré. Lors de sa résurrection, il a automatiquement donné à toute l'humanité sa nature juste.

Romains 5:19 (KJV) *"Car, comme par la désobéissance d'un seul homme beaucoup ont été rendus pécheurs, de même par l'obéissance d'un seul beaucoup seront rendus justes."*.

Tous ceux qui reçoivent Jésus-Christ comme leur Seigneur et Sauveur sont désormais soumis à Dieu et reçoivent son don de justice. La justice, c'est le fait d'être en règle avec Dieu. La justice du Christ em nous permet de marcher dans la domination et l'autorité que Dieu a originellement prévues pour nous dans tous les domaines de notre vie.

> Genèse 1:26 (KJV), " *Puis Dieu dit: 'Faisons l'homme à notre image, selon notre ressemblance, et qu'ils dominent sur les poissons de la mer, et sur les oiseaux du ciel, et sur le bétail, et sur toute la terre, et sur tous les reptiles qui rampent sur la terre.".*

> Luc 10:19 (KJV) Jésus a partagé *:* " *Voici, je vous ai donné le pouvoir de marcher sur les serpents et les scorpions, et sur toute la puissance de l'ennemi; et rien ne vous nuira.*"

Lorsque vous commettez des erreurs, rétablissez rapidement votre position avec Dieu. Utilisez votre foi pour croire en l'Écriture,

> 1 Jean 1:9 (KJV), *"Si nous confessons nos péchés, il est fidèle et juste pour nous les pardonner, et pour nous purifier de toute iniquité.".*

> Romains 8:1 (AMPC), *" Il n'y a donc maintenant aucune condamnation [aucune accusation qui porte à une condamnation] pour ceux qui sont en Jésus Christ, qui vivent et marchent non selon la chair [en obéissant non aux impulsions de la chair], mais selon l'Esprit [dirigés par l'Esprit]".*

Confessez vos péchés à Dieu dans la prière et repentez-vous pour vos mauvaises actions. Se repentir signifie changer d'avis sur le péché et être d'accord avec Dieu sur sa position à ce sujet. Dieu vous aidera alors à surmonter votre ancienne mentalité et vos anciens comportements. Avant même de vous en rendre compte, vous serez témoin de votre propre victoire sur vos vieilles habitudes et vos vieux comportements. Vous manifesterez votre nature juste, votre position droite en Christ, et vous marcherez dans la victoire dans tous les domaines de votre vie !

2 Corinthiens 5:17 (KJV) "Si quelqu'un est en Christ, il est une nouvelle créature: les choses anciennes sont passées; voici, toutes choses sont devenues nouvelles. ".

2 Corinthiens 5:21 (AMP) "Celui qui n'a pas connu le péché, il l'a fait [pour nous] devenir péché pour nous, afin que nous devenions en lui la justice de Dieu [c'est-à-dire nous devenons

réputés justes avec Dieu, nous
sommes acceptés et nous lui
sommes conformes]."

Ne vous recroquevillez plus sur vos
échecs passés ou récents ! Souvenez-vous
de vous repentir, de vous lever et de revêtir
la justice du Christ par la foi ! Appréciez
votre relation avec le Seigneur !

AMBASSADEUR DU ROYAUME

Ambassadeur : "Un diplomat accrédité envoyé par un pays en tant que représentant officiel auprès d'un pays étranger.

> 2 Corinthiens 5:20 (NIV) : *"Donc, nous sommes des ambassadeurs pour Christ, Dieu faisant appel par notre entremise. Nous vous supplions au nom de Christ, soyez réconciliés avec Dieu."*

Les ambassadeurs sont des agents diplomatiques choisis par le roi ou un fonctionnaire de leur gouvernement. Ils doivent représenter la culture de leur gouvernement, le style de vie et la nature du roi dans un autre territoire ou pays. En tant qu'ambassadeur du royaume des cieux, vous devez influencer les gens de votre entourage en étant un exemple vivant des normes morales et des croyances du royaume de Dieu.

Le ciel est le nom du royaume de Dieu. Dieu est un roi souverain. Dieu veut que ses enfants aient la domination et l'autorité sur la terre. La terre est une colonie du royaume des cieux. Un royaume est un gouvernement. Il veut que son royaume soit établi sur la terre, à travers une relation d'amour avec ses enfants.

Jésus est venu pour nous réconcilier avec Dieu et son royaume. Les écritures du livre d'Isaïe et de Matthieu annoncent la venue et le but de Jésus.

> Isaïe 9:6 (NIV) : *"Car un enfant nous est né, un fils nous est donné, et la domination reposera sur ses épaules"*.

Matthieu 4:17 (KJV), *" Dès lors Jésus commença à prêcher, et à dire: 'Repentez-vous, car le royaume des cieux est proche".*

Dans Luc 4:43 (NIV), Jésus a déclaré son but et son intention. *"mais il leur dit: 'Il faut que j'annonce aussi aux autres villes la bonne nouvelle du royaume de Dieu; car c'est pour cela que j'ai été envoyé.'"*

La terre est une colonie du royaume des cieux. Dieu veut que ses enfants aient la domination et l'autorité sur la terre, comme il gouverne son royaume dans les cieux. Il veut que son royaume soit établi sur terre, par une relation d'amour avec toi.

En tant que diplomates choisis par le roi de Dieu dom, nous devons donner la priorité à notre relation avec le Seigneur. En lisant la Bible et en obéissant à sa Parole, vous remplirez votre mission divine. Dieu veut exprimer son amour pour les autres à travers sa relation avec vous.

Si tu gardes Dieu en premier, il sera avec toi et prendra soin de toi ! Il n'y a pas de manque dans son royaume.

> Matthieu 6:31-33 (KJV), *" Ne vous inquiétez donc pas, en disant: 'Que mangerons-nous?' ou 'Que boirons-nous?' ou 'De quoi serons-nous vêtus?' Car ces choses, ce sont les païens qui les recherchent. Votre Père céleste sait que vous en avez besoin. Mais cherchez premièrement le royaume de Dieu et sa justice, et toutes ces choses vous seront données en plus."*

Dieu vous a choisi. Votre vie a un but ! En tant que représentants de notre Roi et

Père céleste, vous devez accepter sa Parole comme l'autorité finale et le pouvoir de gouverner dans tous les domaines de votre vie. Dieu vous a doté de dons, de talents et de tout ce dont vous avez besoin pour la mission qui vous a été confiée ici sur terre. Rappelez-vous toujours que vous êtes les ambassadeurs du Royaume du Christ.

CITOYENNETÉ
DU ROYAUME

Ephésiens 2.18-20 (NIV) : " Car
par lui, nous avons tous accès
auprès du Père, par un seul Esprit.
Ainsi donc, vous n'êtes plus des
étrangers ni des résidents
temporaires, mais vous êtes
concitoyens des saints et membres
de la famille de Dieu, construits
sur le fondement des apôtres et des
prophètes, Christ Jésus lui-même
étant la pierre angulaire, ".

Chaque jour, dans les médias, on entend parler de personnes qui émigrent vers des pays plus riches dans l'espoir de bénéficier d'une meilleure qualité de vie. Toutefois, pour bénéficier des droits et des avantages de ce pays, le gouvernement doit approuver leur résidence et, le cas échéant, leur offrir la possibilité d'obtenir la citoyenneté.

"Citoyenneté : relation entre un individu et un État auquel l'individu doit allégeance et a droit à sa protection. La citoyenneté est la forme la plus privilégiée de la nationalité. Elle offre d'autres privilèges, notamment la protection à l'étranger. La citoyenneté implique un statut de liberté assorti de responsabilités".
– Britannica.com

L'Ecriture Ephésiens 2:19 (NIV), explique que nous sommes des citoyens du Royaume des Cieux et des membres de la famille de la maison de Dieu. Nous sommes des fils et des filles de Dieu par notre foi en Jésus-Christ et par notre obéissance intentionnelle au Saint-Esprit.

Romains 8:14 (NIV), *"Ceux qui sont conduits par l'Esprit de Dieu sont fils de Dieu."*

Tous les citoyens doivent adhérer aux lois de leur gouvernement. La Parole de Dieu (la Sainte Bible) est la constitution du royaume de Dieu. Vous devez l'étudier pour connaître les intentions et les attentes de Dieu. Lorsque le Christ a accompli la loi, il vous a donné sa justice, le Saint-Esprit et l'accès aux droits et aux avantages du royaume des cieux. Dieu veut que vous ayez le pouvoir. Vos droits en tant que citoyens vous donnent l'autorité de faire sa volonté sur la terre par l'intermédiaire de Jésus-Christ.

Vous pouvez aussi renoncer à vos droits et à vos avantages par désobéissance ou par ignorance rance de la Parole. Pour récolter la récompense de la citoyenneté, vous devez connaître vos droits ! Si vous ne savez pas ce qui vous appartient en tant qu'enfant de Dieu et citoyen de son royaume, vous vivrez toujours en dessous des normes qui vous ont été léguées. C'est pourquoi l'ennemi veut que vous viviez dans l'ignorance, en ne lisant pas, en ne comprenant pas la Parole de Dieu, et en recevant des enseignements erronés.

> Osée 4:6 (KJV), *"Mon peuple est détruit par manque de connaissance..."*

> Proverbes 4:7 (KJV), *"... avec tout ton avoir, obtiens l'intelligence."*.

Communauté

Les droits et les privilèges de la citoyenneté ne vous permettent pas de devenir égoïste ou isolé. Dans le royaume de Dieu, il y a une richesse commune, et tous les citoyens doivent avoir un état d'esprit d'amour et de communauté en se souciant des autres. Dans le royaume de Dieu, le plus grand commandement est d'aimer Dieu, soi-même et les autres.

> Matthieu 22, 36-40 : *" Maître, quel est le plus grand commandement de la loi dans la Torah ? " Jésus lui répondit : " 'Tu aimeras le Seigneur, ton Dieu, de tout ton cœur, de toute ton âme et de toute ta pensée.' C'est là le premier et le plus grand commandement. Et voici le second, qui lui est semblable : 'Tu aimeras ton prochain comme toi-même.' De ces deux commandements dépendent toute la loi et les prophètes. ".*

C'est votre amour pour Dieu qui vous motivera à obéir à sa Parole, même si les autres ne sont pas d'accord avec vous. Une relation intime avec le Seigneur ouvrira votre cœur à aimer les autres comme vous

vous aimez vous-même. Plus vous reconnaîtrez son grand amour pour vous, plus il vous sera facile d'aimer les autres.

Nous ne devons pas vivre indépendamment de lui, mais dépendre du Roi pour tous nos besoins. Comme il est dit dans Ephésiens 2:19 (NIV), nous faisons partie de la "maisonnée" de Dieu. Le royaume de Dieu fonctionne comme une communauté. En tant que croyants en Jésus-Christ, vous êtes unis aux autres en tant que frères et à Dieu en tant que Père céleste.

En tant que citoyens et enfants de Dieu, nous devons le faire passer en premier et obéir à ses directives dans tous les domaines de notre vie. L'obéissance vous permettra d'expérimenter la plénitude de la protection, des droits, des avantages et de la grâce de Dieu. Lorsque nous gardons Dieu en premier et que nous restons continuellement en communion avec Lui, tout ce qui vous appartient dans le royaume de Dieu se manifestera dans votre vie quotidienne.

Recevoir

Si vous n'avez pas reçu Jésus-Christ comme votre Seigneur et Sauveur, vous pouvez lui donner votre vie aujourd'hui par une simple prière de foi.

> Romains 10:9-10 (KJV), " *Si tu confesses de ta bouche le Seigneur Jésus, et si tu crois dans ton cœur que Dieu l'a ressuscité des morts, tu seras sauvé. Car c'est avec le cœur qu'on croit pour obtenir la justice, et c'est avec la bouche qu'on confesse pour obtenir le salut.* "

Le travail du croyant ne consiste pas à s'affairer pour Dieu. Il est plus important de chercher sa direction, de lui obéir et d'avoir foi en son Fils Jésus-Christ.

Jean 6:29 (KJV), *"Jésus leur répondit : 'L'œuvre de Dieu, c'est que vous croyiez en celui qu'il a envoyé."*

Romains 10:10-13 (KJV) continue, *" Car c'est avec le cœur que l'on croit et parvient à la justice, et c'est avec la bouche que l'on confesse et parvient au salut. En effet, l'Écriture déclare : 'Tout homme qui croit en lui ne sera pas confus.' Il n'y a aucune distinction entre les Juifs et les non-Juifs, car le même Seigneur est le Seigneur de tous et accorde généreusement ses richesses à tous ceux qui l'invoquent. Car 'tout homme qui invoquera le nom du Seigneur sera sauvé".*

Lorsque vous recevez Jésus-Christ comme votre Seigneur et Sauveur, priez pour recevoir les dons du Saint-Esprit de Dieu dans votre cœur. Il vous aidera à vous diriger et à vous guider dans toute la vérité. Le Saint-Esprit vous donnera accès à Dieu notre Père par votre foi en son Fils Jésus-Christ. Réjouissez-vous ! Le Roi tout-puissant t'a choisi pour faire partie de son royaume parfait.

Dieu vous sera fidèle tout au long de votre vie, si vous décidez de lui obéir et de lui être fidèle. Obtenez votre citoyenneté dans le seul gouvernement parfait qui existe ! Dans ce royaume, le Dieu Très-Haut est ton Père céleste et ton Roi ! Renouvelez votre esprit et utilisez votre foi pour recevoir vos droits, votre protection et l'aide du gouvernement du royaume de Dieu dès aujourd'hui !

CITOYENNETÉ DU ROYAUME

*"Il est important d'aimer
les autres.
Dans le royaume de Dieu,
il faut penser à la communauté !
Il faut se préoccuper des autres !*
- Christine Bland-Millard

RÉFÉRENCES

- Sainte Bible
- www.BibleGateway.com
- www.Google.com
- www.Britannica.com

AUTRES LIVRES DE
YANNI AYANA

Yanni Ayana Media, LLC
www.YanniAyana.com

o Avez-vous envie de sagesse et d'inspiration ?

o Voulez-vous apprendre à appliquer la Parole de Dieu dans votre vie quotidienne ?

o Vous voulez savoir comment relever les défis quotidiens ?

Alors ce livre,
Sagesse *pour la* vie quotidienne
est fait pour vous !

Dieu veut que vous profitiez de votre vie en lui. Votre relation avec Dieu n'est pas censée être un fardeau. "Sagesse pour la vie quotidienne" est conçu pour vous aider à penser, à vivre et à apprendre comment appliquer la sagesse biblique dans votre marche quotidienne avec Dieu.

Lorsque vous êtes trahi par quelqu'un que vous aimez, pardonnez-vous l'offense pour lui donner une autre chance ?

* * *

Le roi Sequoia, Coast et Don, du royaume des arbres éternels Arbol, sont contraints d'affronter les plans diaboliques d'un chef influent nommé Jaccard.

La jalousie de Jaccard à l'égard du pouvoir et de l'autorité du roi Sequoia a conduit à une sédition...

Jaccard dénoncé, maintenant appelé KUDZU, vise à se venger de ce qui est le plus cher au cœur du roi Sequoia.

* * *

Quelle est la profondeur de l'amour du roi Séquoia pour les infidèles ?

Le plan de vengeance de KUDZU lui donnera-t-il le pouvoir et le contrôle qu'il a toujours voulu ?

L'AMOUR ne connaît pas de limites.

Cuando te traiciona alguien a quien amas, ¿perdonas la ofensa para darle otra oportunidad?

* * *

El rey Sequoia, Coast y Don del reino de los árboles eternos, Arbol, se ven obligados a enfrentarse a los diabólicos planes de un influyente líder llamado, Jaccard.

Los celos de Jaccard por el poder y la autoridad del Rey Sequoia han llevado a la sedición.

El denunciado Jaccard, ahora llamado KUDZU apunta su venganza a lo más querido por el corazón del Rey Sequoia.

* * *

¿Cuál es la profundidad del amor del rey Sequoia por los infieles?

¿El plan de venganza de KUDZU le dará el poder y el control que siempre quiso?

El AMOR no tiene LÍMITES.

À PROPOS DE L'AUTEUR

Yanni Ayana est la présidente de Yanni Ayana Media, LLC (Y.A.M.). Elle est également auteure et enseignante biblique avec un ministère de diffusion radio qui continue de bénir les gens à travers le monde. L'objectif de son ministère médiatique est d'enseigner le message du royaume de Dieu avec simplicité et compréhension.

L'amour de Yanni pour les histoires bibliques et le récit est vivement exprimé dans ses écrits et son ministère d'enseignement biblique. Le désir de son cœur est que les autres aient une relation aimante avec Dieu, par leur foi en Son Fils Jésus-Christ. Elle croit que cette relation est vitale pour que Dieu accomplisse Son plan et Son dessein original pour nos vies.